조선 시대 양반들은 어떻게 살았을까?

평생도 그림여행

박수현 글·그림

키다리

막동이가 박물관에서 그림을 구경하고 있었어요.
그런데 한 그림에서 신비한 빛이 나는 게 아니겠어요?
막동이는 신비한 빛에 이끌려 그림 앞으로 갔어요.
그러자 갑자기 펑 하는 소리가 나더니
그림 속에서 갓을 쓴 아저씨가 쑤욱 튀어나왔어요.
"반가워. 나는 그림을 그리는 화가란다.
나랑 같이 그림 여행을 떠나 볼래?"
막동이는 깜짝 놀랐지만 호기심이 일었어요.
막동이가 고개를 끄덕이자 두 사람은 그림 속으로 빨려 들어갔어요.

화가 아저씨는 아직 아무것도 그려지지 않은 화폭 앞으로 막동이를 데리고 갔어요.
"무엇을 그리실 거예요?"
막동이가 화가 아저씨에게 물었어요.
"한 사람이 태어나서 죽을 때까지의 모습을 담은 '평생도'를 그리려 한단다.
평생도에는 축하할 만한 기쁜 일만 그려지는데,
그림처럼 잘 살았으면 좋겠다는 바람을 담기 때문이지.
평생도는 보통 돌잔치부터 그린단다."

*화폭은 그림을 그려 놓는 천이나 종이의 조각을 말해요.

첫돌을 무사히 맞은 도야지*가 푸짐한 잔칫상을 받아요.
잔칫상 위에는 돈, 화살, 붓, 실도 올려져 있어요.
어른들은 도야지가 잔칫상 위에 있는 물건들 가운데에
무얼 잡을지 눈길이 쏠렸어요.
"여길 봐라. 까꿍!"
"우리 도야지, 이다음에 뭐가 되려나?"
"도야지가 붓을 잡았네. 정승 판서*가 되려나?"

"아이 이름이 꿀꿀 도야지래요. 하하하."
막동이는 배를 잡고 웃었어요.
"귀한 자식일수록 어릴 때는 천한 이름을 붙여 불렀단다.
오래오래 건강하게 살기를 바라는 마음을 담은 거지.
첫 번째 생일에 여는 돌잔치도 같은 마음을 담아 여는 잔치란다."

---

*도야지는 돼지를 이르던 옛말이에요.
*정승과 판서는 조선 시대에 나랏일을 맡아 다스리는 자리 가운데에서도 높은 자리를 말해요.

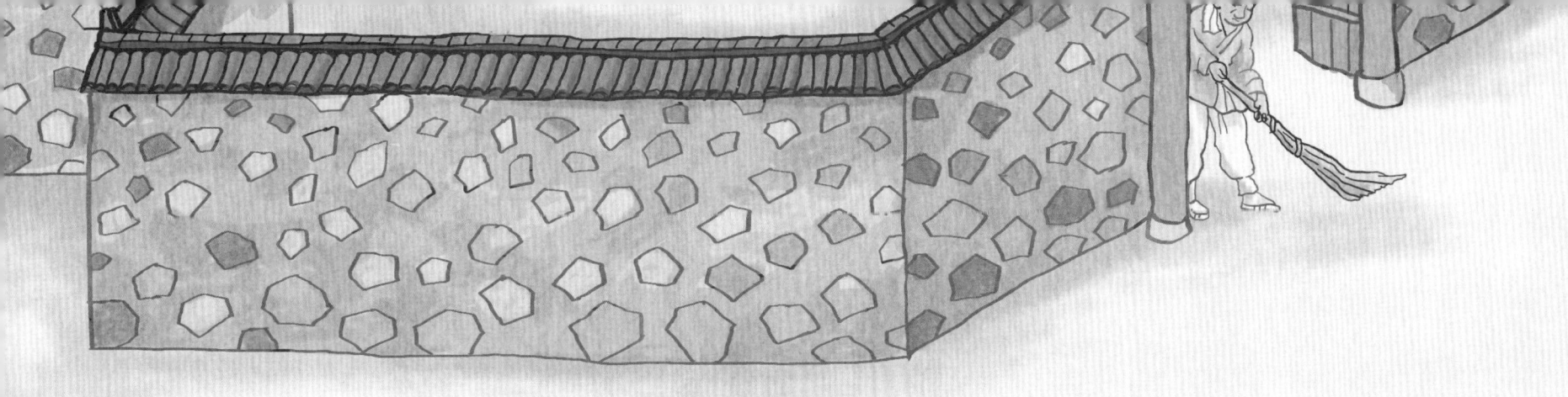

꼬마가 된 도야지는 글을 배우는 재미에 푹 빠져 있어요.
"하늘 천, 땅 지, 검을 현, 누를 황, 집 우, 집 주……."
《천자문》을 외우는 도야지의 우렁찬 목소리가 담장 너머까지 들려요.
도야지는 어서 커서 서당에 다니고 싶었어요.
친구들과 함께 신나는 공부를 하고 싶거든요.

"전 공부라면 정말 싫은데!"
막동이가 진저리를 치며 말했어요. 화가 아저씨는 껄껄 웃기만 했어요.

---

*《천자문》은 한자를 읽는 법과 뜻을 배우는 책이에요.
조선 시대에 글을 배울 때 가장 처음으로 공부하는 책이었지요.

"여기는 어디인가요?"
막동이가 고개를 갸웃하며 물었어요.
"벼슬에 오르는 첫 시험인 소과를 치르는 곳이란다."
"믿을 수가 없어요. 시험장인데 이렇게 시끌벅적하다고요?"

시험장이 장날 주막 풍경처럼 난장판이에요.
훔쳐보는 사람, 떠드는 사람, 술 마시는 사람…….
정말 시험 보는 사람들 맞나요?
쑥쑥 자라 청소년이 된 도야지도 이곳에 있어요.
그런데 이제는 아무도 도야지라고 부르지 않아요.
'홍이상'이라는 본래 이름으로 불리지요.
떠들썩한 분위기에서도 홍이상은 정신을 가다듬고 시험을 치렀어요.

＊벼슬은 나랏일을 맡아 다스리는 자리나 하는 일을 말해요.

"앗, 저기 좀 보세요."
막동이가 담벼락 옆에 있는 홍이상을 보고 외치자
화가 아저씨가 말했어요.
"쉿! 모른 척해 주자. 다른 사람에게 들키면 곤란해."

홍이상이 장날에 만난 아가씨예요.
아가씨도 홍이상이 마음에 쏙 들었어요.
둘은 희미한 달빛 아래, 으슥한 골목길에서 자주 만나요.
달빛은 점점 사그라지고 헤어질 시간은 다가와요.

홍이상이 장가가는 날이에요.
"이랴, 어서 가자."
길잡이가 앞장서고 기럭아비가 뒤따라가요.
결혼식은 신부 집에서 열려요.

"지난번에 본 그 아가씨랑 결혼하는 걸까요?
얼른 결혼식도 보러 가요."
막동이가 엉덩이를 들썩이며 말했어요.
"글쎄, 신부는 아마 다른 사람일 거야.
옛날에는 부모님이 정해 준 신부와 결혼을 해야 했단다."

―――――――――――――――――
*기럭아비는 전통 혼례에서 신랑이 신부 집으로 갈 때,
 나무 기러기를 들고 앞장서서 가는 사람을 말해요.

홍이상은 수많은 책을 읽었어요.
대과 시험을 보고 당당히 장원 급제했어요.
대과까지 합격했으니 이제 벼슬에 오를 수 있어요.
자신의 뜻을 오롯이 펼칠 수 있게 되었지요.
홍이상이 백마를 타고 고향에 인사하러 가요.
"장원 급제요!"
고향 마을은 축하 잔치가 열렸어요.

"장원 급제면 일등으로 합격한 거네요."
막동이가 화가 아저씨를 바라보며 말했어요.
"그래, 임금님에게 직접 술 한 잔 받고
어사화를 꽂은 모자까지 쓰니 하늘을 나는 기분일 거야."

---

*어사화는 과거 시험에 합격한 사람에게 임금님이 주는 종이꽃을 말해요.

홍이상이 작은 고을을 다스리러 길을 떠나요.
"삐리리리 풍악을 울려라!"
"길을 비켜라. 나리 행차요!"
흥겨운 음악이 울려 퍼지고, 사람들이 이 모습을 구경하러 나왔어요.

"홍이상 아저씨가 안 보여요. 어디 계신 거죠?"
막동이가 두리번거리며 물었어요.
"저 화려한 가마에 타고 있단다. 아마 기쁘면서 걱정도 될 거야.
고을 백성의 삶을 잘 살피고 편안히 살 수 있도록 이끌어야 하거든.
거기서 능력을 인정받아야 높은 벼슬에 오를 수 있지."

"아저씨, 선비들이 한자리에 모였어요. 왜 다들 모여 있는 거죠?"
막동이가 물었어요.
"지혜로운 사람은 물을 좋아하고, 어진 사람은 산을 좋아하는 법.
막동아, 선비들이 읊는 시를 가만히 귀 기울여 들어 보렴."

"홍이상, 시 한 수 읊어 보구려. 나는 그림 한번 그려 보리다."
홍이상이 시를 읊자 또 다른 선비가 시를 지어 답하네요.
그 모습을 한 선비가 그림으로 그리고 있고요.
훌륭한 선비는 평생 손에서 책을 놓지 않지요.
때마다 물 좋고 산 좋은 곳에 모여 책을 읽고 시를 나누어요.

홍이상은 평안 감사가 되었어요.
임금님에게 인품과 능력을 인정받아
한양 다음으로 큰 도시를 다스리게 된 거지요.
평안 감사가 된 홍이상은 어깨가 더 무거워졌어요.
백성을 편안케 하고 나라를 지키는 일에 힘을 써야 해요.

"와, 평양성 대동강 변에 마을 사람들이 모두 모였나 봐요."
막동이는 화려한 행차를 보고 눈이 휘둥그레졌어요.
"평안 감사 환영 행사만큼 거대하고 화려한 게 또 있으려고."

✱ 평안 감사는 지금의 평안남도와 평안북도를 다스리는 일을 하는 벼슬이에요.

지긋하게 나이가 든 홍이상은
임금님을 가까이에서 모시는 정승이 되었어요.
"모두 물렀거라. 대감 행차시다!"
시종의 목청이 우렁차요.

"오늘도 밤늦게까지 일했나 봐요."
막동이가 걱정스러운 목소리로 말했어요.
"정승의 자리는 나라를 이끌어 가는 아주 높은 자리이면서
큰 안목과 책임감이 필요한 중요한 자리이지."

모당 홍이상 대감이 나이 예순 고개를 넘었어요.
조선 시대에는 예순 넘어 사는 사람이 드물었기 때문에
환갑잔치*는 마을 잔치가 되었어요.
모두 오래오래 건강하게 사시길 바라는 마음을 담아 축하하러 오지요.
"축하하오, 모당 대감. 건강히 잘 사셨소."
부인이 축하를 하고 자식과 손주들이 큰절을 올려요.
손주의 재롱 춤에 모당 대감의 큰 웃음소리가 온 마을에 퍼져요.

*환갑은 예순한 살(61세)을 이르는 말이에요. 환갑잔치는 예순한 살이 되는 날 여는 잔치이지요.

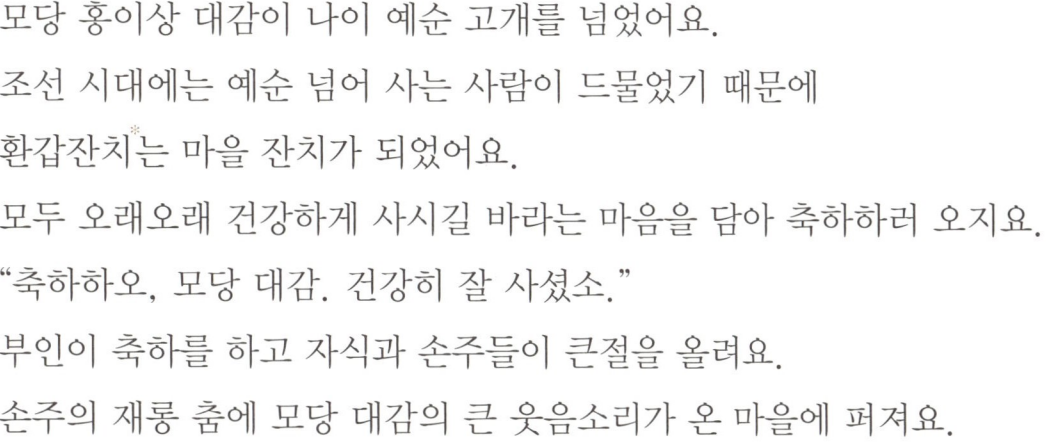

부부가 함께 60년을 살았어요.
임금님이 내려 준 혼례복을 입고 마주 서서
다시 한번 혼례를 치러요.
쑥스러운 마음, 부끄러운 마음, 행복한 마음이 한꺼번에 들어요.
대청마루에 잔칫상이 한가득 차려지고,
축하하러 온 손님들이 마당 한가득 모였어요.
자식이 시를 지어 바치고 손자가 재롱 춤을 추니,
모당 대감 얼굴에 웃음꽃이 활짝 피어요.

"60년을 함께 행복하게 사는 건 하늘이 내린 선물 같은 거야."
화가 아저씨가 미소를 지으며 말했어요.
"정말로 축하할 일이네요."
막동이가 고개를 끄덕였어요.

모당 대감은 나이가 많이 들었어요.
임금님께 마지막 인사를 올리고 벼슬에서 물러나 고향에 내려왔지요.
자랑할 것은 자랑하고 후회할 것은 후회하며,
지나온 인생을 돌아보아요.

"평생을 함께한 친구들을 불러 모아 작은 잔치를 열고 있구나.
인생의 마침표를 찍는 거지.
자, 이제 평생도도 다 그려졌다."
화가 아저씨가 막동이를 돌아보며 말했어요.

막동이는 완성된 평생도를 보고 감탄했어요.
"한 사람의 삶을 쭉 살펴보는 건 정말 멋진 일인 것 같아요.
저도 저의 평생도를 그리고 싶어요."
"아무렴, 너도 그릴 수 있지. 집에 가서 멋지게 그려 보거라."
막동이는 화가 아저씨에게 인사를 한 뒤 그림 밖으로 나왔어요.
과연 막동이는 어떤 그림을 그리게 될까요?

한 사람의 일생이 담긴 평생도

평생도는 사람이 태어나서 죽을 때까지 축하할 만한 기쁜 일을 골라 순서대로 그린 조선 시대 그림이에요. 보통 8폭으로 된 병풍으로 만들었지만, 시대가 지날수록 10폭 또는 12폭으로 늘어나기도 했어요. 평생도에는 조선 시대 양반들이 소망하는 삶의 모습이 담겨 있어요. 평생도 〈모당 홍이상공의 일생〉을 보며 더 자세히 알아보아요.

[초도호연]

[혼인식]

평생도는 돌잔치가 첫 장면이에요. 집에서 가족에게 둘러싸여 돌상을 받는 주인공이 그려지지요. 옛날에는 태어나서 1년을 넘기지 못하고 죽는 아이들이 많았어요. 그래서 첫 번째 생일에 앞으로도 건강하게 살기를 빌며 큰 잔치를 열었지요. 돌잔치에서는 '돌잡히기'를 하는데 돈, 화살, 붓, 실 등을 상에 올리고, 아이가 어느 것을 고르는가로 아이의 장래를 점치기도 했답니다.

보통 두 번째 장면은 혼례와 관련된 모습이 그려져요. 〈모당 홍이상공의 일생〉에는 신랑이 혼례를 치르러 신부 집에 가는 모습이 그려졌어요. 그림을 잘 보면 나무로 만들어진 기러기를 붉은 비단으로 감싸서 들고 가는 사람이 보여요. 이 사람을 기럭아비라고 하지요. 기러기는 한 번 부부가 되면 죽을 때까지 믿음과 의리를 지키기 때문에, 기러기처럼 살라는 의미로 혼례식 때 상 위에 올려 두었어요.

[응방식] [한림겸수찬시]

삼일유가는 과거에 장원 급제한 사람이 3일 동안 시험관과 선배 합격자와 친척을 방문하던 풍습이에요. 장원 급제는 조선 시대에 관리를 뽑기 위한 시험인 과거에 1등으로 뽑히던 일을 말해요. 장원 급제한 사람은 왕에서 받은 종이꽃인 어사화를 꽂은 모자를 쓰고, 백마를 타고 당당히 행진을 했지요. 맨 앞에는 붉은 가리개를 든 세 명의 길잡이가 앞장서고, 그 뒤로 음악을 연주하는 악사가 뒤따랐어요.

삼일유가 다음에는 보통 벼슬살이를 하는 모습이 서너 차례 그려지는데 '한림겸수찬시'는 처음 벼슬에 오른 뒤 행차하는 모습을 그린 그림이에요. 한림은 왕을 가까이서 모시고, 문서를 작성하는 벼슬이에요. 처음 벼슬살이를 하는 사람 가운데 가장 촉망받는 사람이 주로 이 벼슬을 받지요. 보통 첫 발령을 받은 관리들은 청색 관복을 입고, 백마를 타고 갔어요.

[송도유수도임식]

[병조판서시]

개성을 다스리기 위해 가는 모습이에요. 송도는 개성의 옛 이름이지요. 조선 시대에 수도 이외의 중요한 지방을 다스리는 벼슬인 유수는 높은 관직에 속했어요. 화려한 가마 안에는 모당 홍이상이 타고 있어요. 이런 행차 모습은 화려하고 흥겨운 음악이 함께 했기 때문에 사람들은 이 모습을 구경하러 나오기도 했어요. '송도유수도임식' 장면에도 행렬 왼편 위쪽을 보면 자리를 잡고 구경하는 사람들의 모습을 찾아볼 수 있어요.

한양으로 돌아와 병조 판서라는 큰 벼슬을 맡은 모당 홍이상의 모습이에요. 병조 판서는 군사를 관리하고 나라를 지키는 일을 관리하는 사람 가운데에 우두머리예요. 바퀴가 하나 달린 수레인 초헌을 타고 궁궐로 가고 있어요. 이 수레는 종이품 이상의 벼슬을 받은 사람들만 탈 수 있었기 때문에 이 수레를 타고 있다면 높은 벼슬을 받은 사람이란 뜻이지요.

[좌의정시]

[회혼식]

마침내 가장 높은 벼슬인 좌의정까지 오른 모당 홍이상이 밤늦게까지 일하다가 달밤에 집으로 가는 모습이에요. 조선 시대에 가장 높은 벼슬로는 나라의 중요한 일을 결정하던 영의정, 좌의정, 우의정이 있어요. 이 세 벼슬을 합쳐 삼정승이라고 부르기도 해요. 이다음에 나이가 많아 벼슬을 내려놓고 물러나는 치사 장면이 그려지기도 해요.

벼슬을 모두 무사히 마쳤을 뿐만 아니라, 부부가 모두 건강하게 오래 살아 결혼 60주년을 맞이했을 때 여는 잔치인 회혼식의 모습이에요. 마치 다시 결혼하는 것처럼 보여요. 이를 축하하러 온 가족과 친구들의 표정도 무척 밝아요. 대부분 평생도의 끝은 회혼식으로 그려졌어요.

닮은 듯 다른 듯 조선 시대 사람들의 생활 모습

조선 시대 사람들은 이름이 세 개가 더 있다고요?

아이가 태어나면 앞으로 그 아이가 평생 불리게 될 이름을 지어요. 이름은 다른 사람과 나를 구별해 줘요. 지금은 보통 하나의 이름으로 태어나서 죽을 때까지 불리지요. 하지만 조선 시대에 양반 남자들은 때마다 쓰던 이름들이 따로 있었어요. 아이 때 부르는 이름은 '아명'이라고 해요. 아명은 종종 오래 살라는 의미를 담아 일부러 개똥이, 돼지처럼 천하게 짓는 경우도 있었지요. 어른이 되었다는 의미로 치르는 의식인 관례를 치르면, 새로운 이름을 받았는데 그 이름을 '자'라고 해요. 나이가 더 들면 또 다른 이름인 '호'를 지어 불렀지요. 조선 시대에는 부모님이 지어 준 이름을 함부로 부르는 것이 예의에 어긋난다고 생각했기 때문에 이름 대신 호로 많이 불렀어요. 호는 자신이 직접 짓기도 했고 친한 사람들이 지어 주기도 했어요.

조선 시대 아이들도 학교에 다녔을까요?

조선 시대 아이들은 서당에 다녔어요. 마을에서 서당을 차리고 선생님을 모셔 오기도 했고, 선생님이 자기 집에 서당을 차려 동네 아이들을 가르치는 경우도 있었어요.

서당은 초등학교와 비슷하지만 다른 점도 많아요. 학생들이 선생님에게 글공부를 배운다는 점은 같지만, 초등학교처럼 같은 나이의 친구들만 모여서 배운 건 아니었어요. 보통 일곱 살에서 열일곱 살 정도 된 학생들이 함께 모여 글공부를 했어요. 그리고 서당에서는 선생님을 훈장님이라고 불렀어요.

서당에서는 어떤 걸 배웠을까요? 서당에서는 먼저 《천자문》을 통해 한자의 음과 뜻을 배웠어요. 그리고 나서 《명심보감》, 《격몽요결》 같은 책을 통해 짧은 문장을 외우고 어진 사람이 되기 위해 공부했지요.

조선 시대에도 시험을 봤다고요?

조선 시대에 벼슬을 받으려면 '과거'라는 시험을 봐야 했어요. 시험을 한 번만 보는 게 아니라 '소과'라는 시험을 먼저 합격한 뒤에, 소과에 합격한 사람들만 볼 수 있는 '대과'를 또 봐야 했어요. 많은 사람이 과거에 합격하기 위해 열심히 공부했지만, 쉬운 일은 아니었어요.

이처럼 많은 사람이 과거 시험을 보러 전국에서 몰려들었기 때문에 과거를 보는 시험장인 과거장은 시끌벅적하고 어수선했어요. 특히 나라가 어지러웠던 조선 후기의 과거장은 더욱 질서가 없고 엉망이었다고 해요. 서로 좋은 자리를 차지하려고 다투는 일도 많이 일어났지요. 이런 모습을 보고 '여러 사람이 어지러이 뒤섞여 떠들어 대거나 뒤엉켜 뒤죽박죽이 된 곳이나 상태'를 의미하는 '난장판'이란 말이 생겼어요.

조선 시대 사람들은 어디에서 결혼했을까요?

결혼은 남자와 여자가 서로 부부가 되는 걸 가족과 친척, 사람들의 축복을 받으며 치르는 의식이에요. 조선 시대 사람들은 결혼을 혼례라고 불렀어요. 혼례는 결혼식장이 아닌 신부네 집 앞마당에 치렀어요. 신랑은 말을 타고 기럭아비가 나무로 만들어진 기러기를 들고 신부네 집으로 갔지요. 신부 집에 도착해 나무 기러기를 건네면 혼례가 시작되었어요.

혼례를 치르고 신랑과 신부는 신부 집에서 며칠을 지내다가 신랑은 말을, 신부는 가마를 타고 신랑의 집으로 갔어요. 이걸 '신행'이라고 해요. 신랑 집에 도착하면 신부는 신랑네 식구에게 인사를 했는데 이를 '폐백'이라고 해요. 폐백 때 신랑 식구들은 신부에게 대추와 밤을 던져 주며 자식을 많이 낳고 행복하게 살라고 기원해 줬어요.

글·그림 박수현

홍익대 미술대학 회화과를 졸업하고 현재 어린이를 위한 책을 기획하며 글을 쓰고, 프리랜서 일러스트레이터로 활동하고 있습니다. 제16회 유네스코 노마 콩쿠르에서 수상했고, 제1회 CJ 그림책 축제에서 그림책 일러스트레이터로 선정되었습니다. 지은 책으로 어린이 교양서 《잘생긴 명화 못생긴 명화》, 《미술관에 간 역사 박물관에 간 명화》와 창작 그림책 《세상에서 가장 유명한 변기》, 《세상에서 가장 유명한 해바라기》, 《세상이 반한 미소 모나리자》, 《평화의 상징 피카소의 게르니카》(2013년 문화체육관광부 우수교양도서 선정), 《세상을 깨운 새로운 아침》, 《세상을 놀라게 한 세잔의 사과》, 《세상에서 가장 행복한 그림》, 《봄을 깨우는 신들의 노래, 보티첼리의 봄》, 《괴짜 화가 앙리 루소의 환상 정글》, 《세상에서 가장 큰 스케치북》, 《광화문 해치의 모험》, 《아빠가 작아졌어요》, 《지구본 세계 여행》, 《막동아, 금강산 가자스라》(한국출판문화산업진흥원 우수출판 콘텐츠 선정), 《막동아, 한강에 배 띄워라》가 있습니다.

일러두기

- 평생도는 평생도 주인공의 실제 삶을 그대로 그리기보다 조선 시대 양반들이 소망하는 삶의 모습을 그렸습니다. 이 책은 평생도 〈모당 홍이상공의 일생〉을 바탕으로, 다른 여러 그림과 평생도들을 작가의 해석을 담아 모당 홍이상의 평생도로 재창작했습니다. 그러므로 이 책의 등장인물인 모당 홍이상과 역사 속 인물인 모당 홍이상의 실제 삶과는 차이가 있습니다.

- 이 책을 만들며 참고한 그림은 아래와 같습니다.
  〈모당 홍이상공의 일생〉, 김홍도, 비단에 채색, 39.4×75.1cm, 국립중앙박물관
  〈사람의 일생〉, 작자 미상, 종이에 채색, 51.5×110.2cm, 국립중앙박물관
  〈평생도〉, 작자 미상, 비단에 채색, 38.5×119cm, 송암미술관
  〈월하정인〉, 신윤복, 종이에 채색, 35.6×28.2cm, 간송미술관
  〈수계도권〉, 유숙, 종이에 채색, 가로 800×30cm, 국립민속박물관
  〈전 김홍도 필 평안감사향연도〉, 김홍도, 종이에 채색, 196.9×71.2cm, 국립중앙박물관
  〈담와 평생도〉, 김홍도 추정, 비단에 채색, 38×77cm, 국립중앙박물관

키다리그림책 56

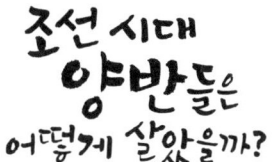

1판 2쇄 발행 2021년 11월 05일 | 1판 1쇄 발행 2021년 2월 1일
글·그림 박수현
펴낸이 김상일 | 펴낸곳 도서출판 키다리
편집장 위정은 | 편집 정명순 | 디자인 이기쁨 | 마케팅 신성종 | 홍보 장현아 | 관리 김영숙
출판등록 2004년 11월 3일 제406-2010-000095호
제조국 대한민국 | 사용연령 7세 이상
주소 경기도 파주시 심학산로 10
전화 031-955-9860(대표), 031-955-9861(편집) | 팩스 031-624-1601
이메일 kidaribook@naver.com | 블로그 blog.naver.com/kidaribook
ISBN 979-11-5785-355-7(77910)

- 이 책의 출판권은 키다리 출판사에 있습니다.
- 저작권법에 의해 한국 내에서 보호를 받는 저작물이므로, 무단 전재와 무단 복제를 금합니다.
- 〈모당 홍이상공의 일생〉은 공공누리 제1유형에 따라 국립중앙박물관의 공공저작물을 이용했습니다.
- 잘못된 책은 구매하신 곳에서 교환할 수 있습니다.